BERTOL-GRAIVIL

LES
TONNEAUX

MONOLOGUE

DIT PAR M.

COQUELIN CADET, de la Comédie-Française

PARIS

TRESSE & STOCK, ÉDITEURS

8, 9, 10, 11, GALERIE DU THÉATRE-FRANÇAIS

Palais-Royal

—

1886

Droits de traduction et de reproduction réservés.

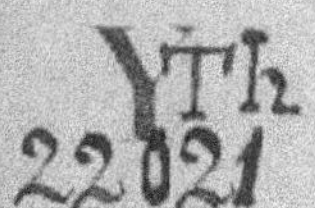

LES
TONNEAUX

MONOLOGUE

A LA MÊME LIBRAIRIE

DU MÊME AUTEUR

Imprimerie Générale de Châtillon-sur-Seine. — A. Pichat.

BERTOL-GRAIVIL

LES
TONNEAUX

MONOLOGUE

DIT PAR M.

COQUELIN CADET, de la Comédie-Française.

PARIS

TRESSE & STOCK, ÉDITEURS

8, 9, 10, 11, GALERIE DU THÉATRE-FRANÇAIS
PALAIS - ROYAL

1886

CAPOULADE. . . . . M. Coquelin Cadet.

(Dire ce monologue avec l'accent bordelais.)

LES
TONNEAUX

A Gustave Coquelin.

Il entre en scène furieux.

Je suis d'une fureur, vous pouvez pas vous faire
une idée. Cadichoun — vous connaissez pas Cadichoun ? — il est de Bordeaux, en voilà un qui a l'accent, ce n'est pas comme moi, on me croirait plu-
tôt du Nord, Té !

Eh bien ! c'est à Cadichoun que j'en veux, pas à
cause des tonneaux qu'il m'a empruntés, non. Il
serait venu me dire : « Capoulade, prête-moi tes
tonneaux ? » tout simplement, que je lui aurais ré-
pondu : Les voilà ! Je ne sais pas refuser, je suis
bon naturellement, je suis bon, seule*min* Cadichoun a un caractère en dessous et je n'aime pas

les gens en dessous. Blaguez tant que vous vou-
drez, mettez vos amis dedans, seulemin, soyez
franc.

Je ne lui reproche pas mes tonneaux, non, seulemin c'est le manière, le façon. Cadichoun est un de
mes bons amis, je l'ai déjà vu une fois, té. Il de-
meure à une portée de fusil de chez moi, c'est aussi
long par la grand' route que par la ruelle ; j'aime
mieux la ruelle, il aime mieux la grand' route, c'est
son affaire et ça ne regarde pas mes tonneaux.

La seule fois que je l'ai vu, ce cher ami, c'était
au Conseil municipal... Oui... nous étions conseillers municipaux... une faiblesse, té. Les hommes en
ont des faiblesses,... à Bordeaux aussi, et puis il
faut savoir se sacrifier pour son pays.

Je venais d'être élu à l'unanimité... moins l'op-
position ; j'arrive au Conseil et je vois la sale tête
de Cadichoun. — Oh ! je ne dis pas ça à cause de
mes tonneaux, non, je ne les lui reproche pas, c'est
le façon, le manière, le procédé, enfin. — J'arrive
donc et il me dit: « Té, mon bon — Il a l'âcent lui—
Es-tu républicain ou réactionnaire ? Quelle est ton
opinion ? Sièges-tu à gauche ou à droite ? » — Té,
que je lui suggère, à gauche ou à droite, s'il y a

un siège à côté de toi, je m'en moque, pourvu que je m'assoie.

Mais Cadichoun a de l'ambition, c'est un envieux — oh ! je ne raconte pas ça à cause de mes tonneaux, il m'eût dit franchement : prête-moi tes tonneaux, je les lui aurais peut-être prêtés. Non, c'est un envieux sans idée, seulemin il a du flair, il a senti que j'avais des capacités, et il a voulu me mettre de son groupe. Or, nous étions trente-un conseillers municipaux, et il y avait trente groupes, je me suis dit : Capoulade, mon bon, pourquoi que tu ne ferais pas aussi tout seul, ton petit groupe?

Il est très juste, ce conseil, chacun préside à son tour, et quand il n'y a que trente jours dans le mois, on fait une séance de nuit. Voilà l'égalité dans le Midi.

Mais ne perdons pas mes tonneaux de vue. La première fois qu'il m'aperçut, Cadichoun voulut m'englober ; depuis je ne l'ai plus rencontré, car on ne va au Conseil que le jour qu'on préside ; ça se comprend, c'est le seul jour que ça vous intéresse.

Le jour où il me prit mes tonneaux, que je ne lui reproche pas, non, c'est le procédé, le manière

enfin, ce jour-là, donc, je présidais, je venais de
me donner la parole et de prononcer un discours
étonnant pour l'érection d'un buste en pied à
Trouillebert. — Vous ne connaissez pas Trouillebert? moi non plus, on le connaîtra quand il aura
son buste, et puis si l'on devait avoir connu tous
ceux qui ont des statues, il n'y en aurait pas une. —
Il y a Paris un nommé Obélisque fait par Louqsor,
on ne les a jamais connus ni l'un ni l'autre. Or donc
pendant que je volais les fonds, votais les fonds,
pardon, que je m'applaudissais, Cadichoun était allé
chez moi, il y avait là ma femme, une nature al-
lez... comme ça... et elle vous a un entrain, une
gaîté, une intelligence... du Midi, enfin. Cadichoun
n'hésite pas, il demande mes tonneaux, ma bête
de femme les lui prête... et il les emporte encore.
Ce n'est pas une manière d'agir. Je ne lui reproche pas mes tonneaux, c'est le procédé.

Quand je rentre du Conseil, j'embrasse mon
pitchoun, un garçon splendide, moi je ne suis pas
mal, n'est-ce pas? Ma femme non plus, eh bien, en
voyant le pitchoun, — il est tellement joli qu'on ne
croirait pas qu'il est de nous — je lui dis : « Où
sont donc mes tonneaux? » Et il me répond : « C'est

Cadichoun qui les a tes tonneaux. » « Mes tonneaux hauts comme ça ?. » « Tes tonneaux hauts
comme ça ?— « Mes belles futailles à Cadichoun. »
(*Exaspéré*.) On a donné mes belles futailles à Cadichoun.

Je sortis de chez moi dans une rage ! Certes je
ne lui reproche pas mes tonneaux, il serait venu
me dire : « Capoulade, prête-moi tes tonneaux, »
que je me connais, je lui aurais dit : « Cadichoun,
tu en as vraiment besoin, n'est-ce pas ? eh bien,
tiens, les voilà, je te les loue. » Je devinais bien
l'usage qu'il ferait de mes tonneaux, c'était pour
offrir du vin à ses électeurs. Té ! c'est un ambitieux,
seule*min* il y a eu du vin blanc dans mes tonneaux,
s'il y mettait du vin rouge ils étaient perdus.

D'autant que son sale vin rouge, il le fabrique...
pas un grain de raisin... comme dans mon vin blanc.

Or, pensant qu'il était avec mes tonneaux sur la
Grand'Place, j'y vais, j'entends jouer la *Marseillaise*, un chant du Midi, et je cherche Cadichoun. Té
Bagasse ! je le vois, cet animal ne donnait pas à
boire avec mes tonneaux... il était monté dessus...
Des futailles hautes comme ça ! Ce n'est pas un
procédé, une manière enfin !

Aussi j'ai conté l'histoire de mes tonneaux partout pour l'empêcher d'être réélu Conseil Municipal.. et j'ai réussi... il n'est plus du Conseil... moi non plus... seulemin lui... il est député.

Grâce à mes tonneaux (*Il part, gesticulant.*) Je ne lui reproche pas mes tonneaux.. Non.. c'est le manière, le façon.. (*La voix s'éteint.*)

FIN

IMPRIMERIE GÉNÉRALE DE CHATILLON-SUR-SEINE. — A. PICHAT.

TRESSE & STOCK, Éditeurs

Galerie du Théâtre-Français, 8 à 11, Palais-Royal.

PARIS.

MONOLOGUES

tion publique, de l'intérieur et de la justice, a encore
été, dernièrement, l'objet d'articles louangeurs dans un
grand nombre de journaux ; on peut s'en convaincre en
feuilletant dans la presse parisienne :

Le *Moniteur Universel*, la *Patrie*, la *France*, le XIXe
Siècle, le *National*, le *Voltaire*, le *Soleil*, l'*Esprit pratique*, la *Gazette anecdotique*, le *Moniteur de l'armée*,
l'*Avenir militaire*, la *Lanterne*, le *Tintamarre*, le *Voleur illustré*, la *Presse de Londres*, la *Science pour tous*,
le *Journal des instituteurs*, l'*Instruction publique*, la
Revue bibliographique, etc., etc.

Dans la presse de province, on lit encore d'excellents
comptes rendus de ce manuel. Voir :

L'*Écho du Nord*, le *Journal de Cherbourg et du département de la Manche*, le *Journal d'éducation physique,
morale et intellectuelle*, etc., etc.

Voici quelques lignes du *Nouveau traité de récitation et
de prononciation* qui donne le plan de l'ouvrage :

« La première partie de ce traité répond aux dix exigences de la récitation.

» La seconde partie, en même temps qu'elle met sous
les yeux une méthode simple qui doit faire arriver à bien
dire, traite des différents tons :

» De la *Leçon ordinaire*, du *Conte*, de la *Fable*, de
l'*Épître*, de la *Satire*, de l'*Élégie*, de l'*Ode*, du *Poème*, de
la *Narration*, du *Discours*, du *Sermon*, du *Monologue* et
du *Dialogue*. »

Ce manuel résume les principes que Rabelais, Shakespeare, Talma, Lekain, François Riccoboni, Sabattier, Saint-
Lambert, Saulecque, Beauzée, Gaichiès, l'abbé d'Olivet,
le cardinal Maury, Morin de Clagny, Duquesnoy, Aristippe,
Lhomond, Chapsal, Bescherelle, Ernest Gervaise, Régnier,
Samson, Chervin, Legouvé, Ricquier, Dupont-Vernon,
et autres ont donnés sur l'Art de bien dire, négligé depuis trop longtemps dans les pensions, les collèges, les
lycées, et les séminaires, et dont l'Université réclame incessamment l'étude.

A la fin du *Nouveau traité de récitation et de prononciation*, nous donnons des appréciations des comptes rendus et des articles qui prouvent la bienvenue et l'utilité
de l'ouvrage de M. Langlois-Fréville.

TRESSE, Éditeur,
10, Galerie du Théâtre-Français, Palais-Royal.

1 volume in-18 de 220 pages...................... 2 fr.

tion publique, de l'intérieur et de la justice, a encore été, dernièrement, l'objet d'articles louangeurs dans un grand nombre de journaux ; on peut s'en convaincre en feuilletant dans la presse parisienne :

Le *Moniteur Universel*, la *Patrie*, la *France*, le XIXe *Siècle*, le *National*, le *Voltaire*, le *Soleil*, l'*Esprit pratique*, la *Gazette anecdotique*, le *Moniteur de l'armée*, l'*Avenir militaire*, la *Lanterne*, le *Tintamarre*, le *Voleur illustré*, la *Presse de Londres*, la *Science pour tous*, le *Journal des instituteurs*, l'*Instruction publique*, la *Revue bibliographique*, etc., etc.

Dans la presse de province, on lit encore d'excellents comptes rendus de ce manuel. Voir :

L'*Écho du Nord*, le *Journal de Cherbourg et du département de la Manche*, le *Journal d'éducation physique, morale et intellectuelle*, etc., etc.

Voici quelques lignes du *Nouveau traité de récitation et de pronociation* qui donne le plan de l'ouvrage :

« La première partie de ce traité répond aux dix exigences de la récitation.

» La seconde partie, en même temps qu'elle met sous les yeux une méthode simple qui doit faire arriver à bien dire, traite des différents tons :

» De la *Leçon ordinaire*, du *Conte*, de la *Fable*, de l'*Épître*, de la *Satire*, de l'*Élégie*, de l'*Ode*, du *Poème*, de la *Narration*, du *Discours*, du *Sermon*, du *Monologue* et du *Dialogue*. »

Ce manuel résume les principes que Rabelais, Shakespeare, Talma, Lekain, François Riccoboni, Sabattier, Saint-Lambert, Saulecque, Beauzée, Gaichiès, l'abbé d'Olivet, le cardinal Maury, Morin de Clagny, Duquesnoy, Aristippe, Lhomond, Chapsal, Bescherelle, Ernest Gervaise, Régnier, Samson, Chervin, Legouvé, Ricquier, Dupont-Vernon, et autres ont donnés sur l'Art de bien dire, négligé depuis trop longtemps dans les pensions, les collèges, les lycées, et les séminaires, et dont l'Université réclame incessamment l'étude.

A la fin du *Nouveau traité de récitation et de pronociation*, nous donnons des appréciations des comptes rendus et des articles qui prouvent la bienvenue et l'utilité de l'ouvrage de M. Langlois-Fréville.

TRESSE, ÉDITEUR,

10, Galerie du Théâtre-Français, Palais-Royal.

1 volume in-18 de 220 pages. . . . . **2 fr.**

DERNIÈRES PIÈCES PUBLIÉES

	fr.	c.
Le Cid, o. 4 a.	2	»
Mon Oncle, c. 3 a.	2	»
Une Cause célèbre, d. 5 parties.	2	»
Les Noces d'un réserviste, c.-v. 4 a.	2	»
En grève, d. 5 a.	2	»
Cherchons papa, v. 3 a.	2	»
Pervenche, o. c. 3 a.	2	»
Les Français au Tonkin, d. 5 a.	2	»
La Vie mondaine, o. c. 4 a.	2	»
Riqi, o. c. 3 a.	2	»
Tabarin, o. 2 a.	1	»
Les Petites Godin, c. 3 a.	2	»
Le Grand Mogol, opéra-bouffe, 4 a.	2	»
Le Chevalier Mignon, o. c. 3 a.	2	»
Babolin, o. c. 3 a.	2	»
Carnot, d. 5 a.	2	»
Ki-ki-ri-ki, japoniaiserie, 1 a.	1	»
Jemmapes, d. 4 a.	2	»
Pedro de Zalamea, o. 4 a.	1	»
Fanfreluche, o. c. 3 a.	2	»
L'Ami d'Oscar, o. c. 1 a.	1	50
Gillette de Narbonne, o. c. 3 a.	2	»
Fanfan-la-Tulipe, o. c. 3 a.	2	»
Le Cœur et la Main, o. c. 3 a.	2	»
Il ne faut pas dire: fontaine... pièce 1 a.	1	»
Le Tribut de Zamora, o. 4 a.	2	»
L'Ablette, c. 1 a.	1	50
Le Terrible Bonnivet, c. v. 1 a.	1	50
Trois Valets, c. 1 a.	1	»
C'est le professeur, c. v. 1 a.	1	»
Le Temps perdu, c. 1. a.	1	»
Les Petites Voisines, c.-v. 3 a.	2	»
Coup de Soleil, c. 1 a.	1	50
Racine à Port-Royal, c. 1 a.	1	»
La Flamboyante, c. 3 a.	2	»
Manon, o. c. 5 a.	1	»
Corneille et Richelieu, c. 1 a. en vers.	1	»
Diana, d. 5 a.	2	»
La Dormeuse éveillée, o. c. 3 a.	2	»
Le Roi de carreau, o. c. 3 a.	2	»
La Nuit de noces de P. L. M., c. 1 a.	1	»
L'Affaire de Viroflay, c. 3 a.	2	»
Les Grands Enfants, c. 3 a.	2	»
Madame est jalouse, c. 1 a.	1	50
Kléber, d. 5 a.	2	»
L'Heure du berger, c. v. 3 a.	2	»
Les Honnêtes Femmes, c. 1 a.	1	50
Les Corbeaux, c. 1 a. (in-8).	4	»
Amhra! d. 5 a. en v. (in-8).	4	»
La Navette, c. 1 a.	1	50
Henry VIII, o. 4 a.	1	»
Le Droit d'aînesse, o.-b. 3 a.	2	»
Le Truc d'Arthur, c. 3 a.	2	»
Coquelicot, o. c. 3 a.	2	»
Galante Aventure, o. c. 3 a.	1	50
Hérodiade, o. 4 a.	1	»
Les Locataires de M. Blondeau, c. 5 a.	2	»
Les Mousquetaires au couvent, o. c. 3 a.	2	»
La Mascotte, o. c. 3 a.	2	»
Le Lapin, c. 3 a.	2	»
L'Article 7, c. 3 a.	1	»
Sigurd, o. 4 a.	1	»
Caïn, d. 5 a.	2	»
Le Petit Chaperon rouge, opérette, 3 a.	2	»
Une Nuit de noces, c. v. 1 a.	1	»
Virginie, c. 1 a.	1	»
Le Gant de Marcelle, c. 1 a.	1	»
Les Distractions de papa, c. 1 a.	1	»
Les Terreurs de Jarnicoton, c. v. 1 a.	1	»
La Serinette de Jeannot, c. v. 1 a.	1	»
L'Oiseau bleu, o. c. 3 a.	2	»
Madame Boniface, o. c. 3 a.	2	»
La Vie facile, c. 3 a.	2	»
Le Bel Armand, c. 3 a.	2	»
Le Parisien, c. 3 a.	2	»
Madame Favart, o. c. 3	2	»
Les Boussignoul, v. 3 a.	2	»
Le Huis clos, c. 1 a.	1	50
Les Femmes qui fument, c. 1 a.	1	50
Le Consolateur, c. 1 a.	1	50
Les Parisiens en province, c. 4 a.	2	»
Le Téléphone, v. 1 a.	1	50
Les Pommes d'or, opér. féerie, en 3 a. 12 tab.	2	»
Deux Orages! c. 1 a.	1	»
La Princesse des Canaries, o. b. 3 a.	2	»
Le Réveil de Vénus, c. 3 a.	2	»
La rue Bouleau, c. 3 a.	2	»
L'Amour médecin, o. c. 3 a.	1	»
Nos députés en robes de chambre, c. 5 a.	2	»
Casse-Museau, d. 5 a.	2	»
La Villa Blancmignon, c. 1 a.	2	»
Lequel? c. 3 a.	1	»

Paris. — Imp. G. Rougier et Cⁱᵉ, rue Cassette, 1.